正解のない、世の中を生きる

葉山潤奈
JUNNA HAYAMA

WANI BOOKS

はじめに

最初に、数年前に起こったデマ被害の話をしようと思う。

当時、愛犬を亡くしたばかりだった私のＳＮＳに、誹謗中傷が殺到した。

「骨を売ってる」

「犬を食ったんだろ朝鮮人」

「半年で３匹殺してますよね？」

信じられないデマが広がり、某有名配信者にも取り上げられ、彼の何気ないひと言がきっかけで、生配信中の私のコメント欄が「ワンワン」「犬殺し」で埋め尽くされた。そして翌日、私は「犬殺し」としてネットニュースに取り上げられていた。

事実無根のデマが、まるで真実かのように受け取られてしまうのがＳＮＳ。それはわかっていたけれど、愛する存在を失い、ネットリンチで心を殴られ続け、私の心は殺されたも同然だった――。
もう少し当時の話をするね。愛犬ジェスはまだ赤ちゃんで、突然後ろから私の肘《ひじ》に突進してくるのを避けられなかった。チワワの赤ちゃんは頭蓋骨が完全にふさがっていない。打ちどころが悪かったジェスは救命処置も虚しく、そのまま息を引き取ってしまった。

愛する命が自分の体に当たって亡くなった。
自分を責めて責めて責めて。
いまだにぶつかってきた感触が忘れられない。

とはいえ、当時の私はイベントの告知を任されていたのでＳＮＳを止めるわけにはいかず、パニック状態のまま「犬が死んでしまいました」と事故の詳細をブログに書き込んだ。その後の展開は冒頭で書いた通り。

匿名の人間はどこまでも残酷だ。
実例を出すまでもなく、ネットにあふれる誹謗中傷やデマは、実際に人を殺めることもある。表沙汰になった事件はもちろん、その水面下で数多くの人が傷つき、苦しんでいると思う。

人を傷つけてはいけない。
自分勝手な正論を押しつけてはいけない
嫌がることをしてはいけない。

そんな社会一般の「正しさ」が通らないのがネット社会で、目の前の攻撃をスルーしたらいいのか、ブロックしたらいいのか、我慢したらいいのか、戦ったらいいのか正解は見えない。

私たちは正解のない世の中を生きている――。

改めまして、こんにちは。葉山潤奈でございます。

私を知ってるくれてる人はどのくらい、いるのかしら。

芸能プロダクションの運営やアーティスト活動、アパレルやコスメ・スキンケアブランドのプロデュースなど、いろんな仕事をやり散らかしてるけど、やっぱり「TikTok」の「あんたも好きねえ」だったり、生配信者としての「葉山潤奈」を知ってくれてる方が多いのかな。


あの事件があったあとも、私は配信者としての活動をやめなかった。


発信者がネットの攻撃から身を守れますように。

自分勝手な正論を振りかざすヤツが減りますように。

戦うべきときに戦えますように。


そんな祈るような気持ちで、今も画面に向かってメッセージを吐く。

よく「潤奈ちゃんは強い」と言われるけど、たしかに私は立ち直るのがうまい。いじめ、鑑別所入所、自殺未遂、精神科への強制入院、レイプ、DV被害、最愛のパートナーとの別れ……どん底に落ちるたびに、トランポリンみたいに跳ね上がってきた。

とはいえ、私が特別に強いわけじゃない。

自分なりに傷ついたマインドを受け止め、立て直してきただけ。

そんな私のやり方が、今、傷つき悩んでいるあなたの武器になるんじゃないかと一冊にまとめてみました。

ネットでそしてリアルで。

正解のない世の中を生きるあなたが、自分らしく戦えますように。

葉山潤奈

第1章 自分の心を守る

contents

［第2章］ SNSで生き残る

［第3章］

愛にふり回されない

［第4章］セルフブランディングで勝つ

[第5章]

やりたいことで生きていく

［第1章］

自分の心を守る

そもそも敵の言葉に
なんで耳傾けな
あかんねんって話。

知らない人からクソリプを送りつけられたり、コメントに誹謗中傷を書かれたり、個人情報をさらされたり……。

相手の表情や状況がわかるリアルと違い、知らない人から突然言葉で刺されるネットは傷つき方が違う。たったひとつのコメントでも、

「私が悪いのかもしれない」

「みんなこう思っているのかもしれない」

そんなふうに妄想が膨らみ、傷がどんどん深まっていく。病むよね。わかる。でも病む必要はない。

例えば私みたいに生配信をしてると、アンチからのネガティブコメントは鬼ほど来る。リアルなら、自分を好まない人とわざわざ関わらないよね。他人からのネガティブな発言を聞く必要も、ふり回される必要もない。

それがなんでネットだと、敵の言葉に耳傾けなあかんねんって話。もちろん「ファンの言葉しか耳に入らないんですか?」みたいな声もある。

当たり前やん！　てか、あんた誰？

　ネット被害の番組に出たとき、ネットリテラシーを専門にしてる教授がこう教えてくれた。例えばいいコメントが97％で、３％しか悪いことが書かれていなくても、悪いほうの声が大きく聞こえるって。心理的にね。

　たったひとつのコメントなのにみんなの声に聞こえるのが、ネガティブコメントの特徴。でも私の場合、どんなに炎上しても１００人に10人くらいは、「がんばってね」「負けないで」って言ってくれる人がいるから、それだけに目を向ける。面白いことに、続けてるとその割合が変わっていくんだよね。10人が30人になって、30人が１００人になって……ダイエットと同じで、諦めなければいつかは勝てる。

　だから、第一にネガティブコメントは気にしないのが一番だけど、どうしても気になるなら黙らせればいい。今って「反論しちゃいけない」みたいな風潮があるけど、ある程度は「やられたらやり返せ」でいいと思う。

例えば、もしあなたが配信者だとしたら、イヤなコメントは「取り上げて」差し上げればいい。「さらした！」って言われるかもしれないけど、自分から来ておいて、しかも匿名のアカウントでさらされたって何？

戦おうとすると、たいていこんなコメントが来る。「言い返してダサい」とか「スルースキルがない」とか、お決まりのありきたりな攻撃がね（笑）。堂々と対処すればいい。イヤならコメントを消す機能で消しちゃえばいいし、ブロックしてもＯＫ！

え？　逃げてるですって？　ネガティブコメントを消すのは逃げじゃない。自分の配信は自分の島なんだし。もちろん配信をやってない人でも、インスタなりツイッターなり、自分のアカウントにごちゃごちゃ言ってくるコメントは消してしまえばいい。

お前のネガティブな楽しみは３秒で奪えんぞ――そんなスタンスでいい。

私のアンチはゴマ。
ゴミじゃなくて
栄養価の高い
「ゴマ」。

私はアンチとはなるべく向き合おうと思ってる。そのほうが私の場合、エンタメにもメッセージにもなるから。

アンチのコメントってたいていめちゃくちゃ視野が狭いから、最初は「イッツアスモールワールド」って呼んでた。「小さい世界に住んでて友達もいないから、ネットで人の粗探ししてるんだろう」と思って。

でも、彼らを攻撃したらやってること同じになっちゃうし、叩き潰すんじゃなくて、なるべく会話することにした。

アンチじゃなくてゴマって呼んで。

ゴミみたいなことを言ってくるヤツもいるけど、ゴミじゃなくてゴマ。ゴマって栄養価が高いでしょ？

ちっちゃいけど生き方を変えれば人の役に立つ。

そもそも私の場合、アンチが来たらラッキーだったりする。例えば、ゴ

マがコメントに「おっぱい」と書き込んできたら、

「おっぱいがどうした？　なんで述語がないねん」

「じゃあ私も体の一部を言うから面白く返してこい。はい中指！」

なんて感じでエンタメにしてしまう。別に論破したわけじゃないけど、「スカッとしました」みたいなコメントが殺到したり、観ていてイヤな思いをした人たちも笑って過ごせるから。


今って、感情を出さないのが美徳とされてるけど、みんなほんとは感情を出したいんじゃないのかな。私はブチギレ配信もやったりする。ブチギレというか、めちゃくちゃ真面目なテーマで熱く語る、みたいな。

やっぱり「スルースキルないの？」とか言われるけど、「気に入らない配信聞いてコメントしてくるほうが、スルースキルなくない？」ときっちり返していくと、聞いてくれる人たちも「そっちが正しいんだ」ってマインドを変えてくれたりする。これが大衆心理だ。

あのね、キレていいんだよ。

今は「キレるのは違う」「感情を出すのはダサい」って風潮だけど、自分の感情を出さずに、どうやって自分の心を守れるの？

ときには粘着してくる人もいる。ある配信で、「自分は正しい、潤奈ちゃんが間違ってるから訂正してほしい」と何度も書き込んでくる人がいて、明らかに私を傷つけたいという意図を感じたから、配信中に取り上げた。

「私はあなたのコメントが不快だけど、ちゃんと謝ってくれるなら許してあげる」「ごめんなさい、でも」と反論の嵐。それって謝ったことにならないよね。だからそのアカウントは出禁にして、でも最後にこう言った。

「別のアカウントにしたら、入ってきてもいいよ」

アンチはゴミじゃなくてゴマだから、ぶっ潰さないで、一度は許す、それが私のルール。

アンチにふり回されるくらいなら、ふり回すくらいがちょうどいい。

裏切られたときは
「許しマウント」で
上に立つ。

私が「一度は許す」って言うと「許したらなめられません?」とか、「潤奈さんだからできるんですよ」とか言われるけど、別に「許す」って他人のためにやってるわけじゃない。自分のため。

「一度は許す」ってポリシーを持っておくと、めっちゃラクだから。

これは裏切られたときはもちろん、失恋とかなんでも当てはまるけど、「許せない」って、実は相手よりも自分が苦しい。

「あんなことを言われた」「あんなことをされた」なんてイライラムカムカするし、「次会ったらこう言ってやろう」「復讐したい」なんて思っちゃうけど、そのときの自分の顔を鏡で見てみて。きっとブスだから。その時間、裏切った相手は女といちゃついたり、ほかの友達と楽しんでいるかもしれないのに。だったら「許さない」状態から自分を開放してあげて。

あと単純に「許せる女」ってかっこいい。

「あ～ら、あなたは器がちっちゃいから、許すとかできないだろうけど、私はできるの。いい女だから」

って感じで、とりあえず「許しマウント」を取っとく。

もちろん、何度も許せないことをされたら、相手を切るなり、自分から離れるなり対処するけどね。一度は許す、二度はない。

「でも彼も謝ってるし2回目も許したほうがいいかも」

「あの人だって悪気があってやってるわけじゃないし」

そんなふうに、相手の態度によっては2回目も許したくなるかもしれないけど、それって主導権を相手に明け渡しちゃってないかな。

主導権はね、絶対に相手に渡しちゃダメ。

例えば、ネットの嫌がらせに固執《こしつ》しちゃうのって、相手にふり回されてるのと同じ。主導権を握れてない。むしろ主導権を握られてしまってる。

「相手がこうしたから、ムカつく」「相手がこうやれば、許してあげるのに」みたいに、相手の行動で自分の行動を決めるのって、自分のハンドルを相手に渡しちゃってるようなもの。もちろん、相手をコントロールしろって言ってるわけじゃないよ。

自分のハンドルは自分で握るし、相手のハンドルは相手に握らせる。

お互い自分のハンドルを握ってやり合おうや、って話。

たとえネットで嫌がらせを受けても、「ああ許してやるよ」みたいな。「次は友達として来いよ」って言い切ってやればこっちもかっこいいし。執着するという無駄な時間も過ごさなくていいんで。それは相手にとっても仲直りのチャンスになる。「一度は許す」って、自分にとっても相手にとっても得でしかない。もちろん無理にそうする必要はないけど、苦しくなったらこの方法を思い出してほしい。

鬱、自殺未遂……
どん底だったからこそ
許しが沁みた。

あれは水商売の仕事が軌道に乗った19歳の頃のこと。

もともと子供の頃から経営者になりたかった私は、ギャルサーにいた経験を活かし、パーティサークルJ.SYNE（ジェシュネ）を新たに始めたんだけど、それが転落の第一歩だった。

根っからのギャルだから、「イケるっしょ」精神で、しょっぱなから大きなイベントを計画して、すぐに問題が勃発。

まさかの、準備が間に合わない！

イベントを打つってすごく手間がかかる。

いつ、どこでやるか、どのくらいのキャパで、チャージいくらでやるのか。どんなテーマで誰にオファーするのか。

告知の段取り、フライヤーのデザイン、実際のオファーとギャラ交渉、当日のタイムテーブル……凄まじいタスクの数だ。

もちろん私一人じゃできないから、司令塔としてみんなに指示しなければいけない。でも、私の場合、スタッフはすべて友達でボランティアのノーギャラだった。そんな友達に仕事をふるって難しい。とりあえずフライヤーが完成し、会場も押さえた。でもイベントの内容が決まらない。

どうしよう、どうしよう。何も決まらない、間に合わない、助けてって言えない。

精神的に追い詰められた私は、睡眠薬に手を出していた。

イベントの日は刻一刻と迫ってくる。本気で死を願うようになったある日、ホテルのバスルームで大量の薬を飲み、ビニール袋をかぶった。ギリギリで発見され入院。精神科での診断は「鬱《うつ》病」だった。

実は当時の記憶はあまりない。

何度もオーバードーズ（薬物の過剰摂取）をくり返していたから。

どうやら病院の前に連行された警察で、パンイチで暴れ倒したらしい。

ハッキリと覚えているのは、その後2週間入院している間に、イベント開催予定日がすぎたということ。

退院後、イベントのサイトを見ると、案の定、大炎上していた。

潤奈が飛んだ、責任取れ、逃げんなよ、——罵詈雑言の嵐。

オーバードーズの後遺症でボロボロだった体をなんとか奮い立たせ、サイトをリニューアルして、謝罪と鬱病になった経緯を説明し、「必ず立ち直ります」と宣言してみたものの、炎上は収まらなかった。

あのとき、すべてを投げ出すこともできたと思う。

でも「立ち直る」とネットに書いた以上、それを実行することが、手伝ってくれた友達やサークルに入ってくれていた人たちへの、私の誠意だった。

水商売に戻り、少しずつブログも書き始め、荒れたコメントの間にぽつぽつと応援コメントが入り始めた頃、一通のメールが届いた。

サークルを手伝ってくれていた友人からだった。

久しぶりに会うことになった友人は「ごめんね。私ももっと手伝えることあったよね」と言ってくれた。

私はどれだけその言葉に救われたか。
この経験こそが、
私に「許し」の尊さを教えてくれたのだ。

それから、なるべく一度は人を許すことにしてる。

もちろん、そうできないこともあるけど、極力ね。

最悪なことが起こったとき、
「1秒経てば、もう過去のこと」
と考えると次を見られる。

次を見て、
新たに再起動する心さえ持っていれば、
生きることさえ諦めなければ、
可能性は無限大であり、
乗り越えられない壁はない。

いつか、
遠い過去になるまで直向《ひたむ》きに進む。

いつも、そうして生きてきた。

弱音を吐くって
悪いことじゃない。
でも、それって
自分の耳にも
聞かせてるんだよね。

自己肯定感って言葉があるけど、自分を肯定するのって難しい。

美人で頭がよくて金持ちで男ウケのいい友達が周りにウヨウヨいる中で、「どうやって自分を肯定したらいいの？」などとよく聞かれる。

ただ、自己卑下はいただけない。例えばこんな言葉、口にしてない？

「どうせ私なんてブスだから」「親ガチャに外れて最悪！」「あの子みたいに男ウケよくないし」……ちょっと待ってよプリンセス！

弱音って、自分の耳にも聞かせてるのよ。

口から出た言葉で、いつの間にか自分で自分のことを洗脳してるの。

よく言霊とかいうけど、弱音ばっかり吐いてたらそれが現実になる。

だから私は陽気でポジティブな言葉を発している。あえてね。

配信でも、「ババアまだいきがってんの？」「大していい女じゃないのにいつまでもいい女ぶってるよな」みたいなコメントが来るけどこう返す。

「あたし悪いけど本当にいい女なんで」って。

自己肯定感って、己で肯定することでしょ？　自分で自分を肯定しちゃえばそれでいい。それで周りにグダグダ言われても関係ない。周りの評価ばかり気にするのは、単なる承認欲求にすぎないからね。

せっかくの魅力を「あたしなんて……」「あたしにはこんなこと……」みたいな言葉で半減させないで。

もちろん、私だってもともと自信満々だったわけじゃない。

とくに10代の頃は鑑別所に入ったり、自殺未遂で精神病院に入ったり、仕事でやらかしたり、男でやらかしたり、自分を責めながら生きてきた。

当然、自慢できないこともたくさんしてきた。でも自分を否定はしない。根がギャルだからね。

ギャルは攻め。ノーガード。

「ネガティブ吐くとかかっこ悪い」というポリシーの元、つねにイキったことを言っていた。「楽勝っしょ！」「イケるっしょ！」ってね。

攻めは最大の防御だから。イキってたら不思議とそれが板につく。

だってただ傷つくのって損じゃない？

とくにＳＮＳで攻撃してくる人間なんて、ほとんど自分とは関係ないヤツだから。自分のストーリーに必要ない村人Ａみたいな存在よ。

そんなヤツの言葉で傷つくぐらいなら、思いっきり暴れてやればいい‼

いい？ 女の子はみんなプリンセスなの。

大切にされるべき存在。自分からも他人からもね。もしも他人から攻撃されたら、しっかり自分を守ること。間違えない人間なんていないんだから、堂々として。間違えたら「ごめんなさい」が必要だけど、必要以上に卑屈にならないで。あなたを守れるのはあなたしかいないんだから。

病みそう？　だったら、
どうやって
ひっくり返せるか
戦略を練ろうか。

メンタルがやられそうになったら、いったん行動しないで考える。

ポイントは「考える」ってこと。

「病みそうだから寝とこう」じゃ、ネガティブな妄想がループするだけ。

やみくもに自分を責めるくらいなら、現状を冷静に分析したほうがよっぽどラク。「この状態をどうやってひっくり返せるだろう?」って戦略を練っていくうちに、いつの間にかそっちに没頭できるからやってみて。

例えば、男にフラれて病んだとしようか。

しんどいよね。涙が出てくる? よーし。泣いてＯＫ。


ただし15分だけ。

それ以上泣くと、次の日目が腫れるから。


あとは、戦略を練る。

ヨリを戻したい? どうかな。別れを切り出した男にしつこく言い寄っても、ヨリが戻る確率が下がるだけだと思わない？

だったら、自分磨きしていい女になろうか。

ジムに通ってスタイルアップ。インスタでイケ女探ししながらメイク研究して、自分がいい女に見えるファッションを試してみて。

ある程度いい感じになったら、自撮りをインスタにＵＰ。

ひょっとしたら元カレより数倍いい男から声かけられて、つき合うことになるかもよ？　イカした車でドライブして、夜景の美しいレストランで彼と食事しながら、「別れてよかったかも」とふと思うかも。

そんな瞬間を想像してみて。


脚本を書くみたいな感じ。人生の。


ちなみに、私はいつも人生の脚本を書いてる。

時々立ち止まって、自分を俯瞰《ふかん》で見てね。

「他人の目が気になるんです～」なんてお悩みを聞くけど、「他人の目にどう映るか」なんて考えなくていいのよ。

私たちが考えることはたったひとつ、「他人の目にどう魅せる」か。

ブランドのハイヒールでキメて道端ですっ転んでも、どうかっこよく立ち上がるかを考える。

あなたの人生の脚本家も主人公もあなた自身。

いったん自分を客観視して、イケてるかイケてないか、他人の目にどう魅せるか、自分で判断すればいい。そしたら、自分のことをよく知らない他人の評価に気持ちをかき乱されずにすむでしょ？

「私は鬱じゃない」
と思い込んで、
鬱から這い上がった。

「どうやって鬱を克服したんですか？」

時々、そんなことを聞かれる。私が鬱病で入院したことは言ったけど、どうやって立ち直ったかはまだだったよね。

どうやって鬱を克服したか。それは……気合い。

これはあまりマネしてほしくないし、お医者さんからもらった薬を勝手に減らすのは危険なんだけど、私の場合は気合いだったね。根がギャルだからね。気合いで乗り切る。これ一択だった。

そして自分を信じた。私は絶対に乗り越えられるって。

とにかく「私は鬱じゃない」と思い込んだ。

「え？　私って鬱なの？」「私が鬱なわけないじゃない」「だるいけど仕事行こうか」「SNS再開して信頼を取り戻さないと」「仲間と巡り合えた」「や

りたいことがたくさん！」「仕事忙しー」「え？　鬱ってなんだっけ？」って感じ。だからどの段階で全快したともいえないし、全快してないかもしれない。ただ、ひとつ変わったことがある。

「今無理したらダメだ」と自分の限界がわかるようになって、あえて立ち止まれるようになった。

私は社長、アーティスト、配信者として、様々なタスクがあるけど、どれもスケジュールが切られ、どの仕事にも責任がある。そんな中、自分の違和感に目を向けたり、立ち止まるのには勇気がいる。ただ、それ以上に、自分がまた倒れたら多くの人に迷惑がかかってしまう。

かつてイベントの準備にがむしゃらになって、どんどん自分を追い込み、多くの人に迷惑をかけたことは話したけど、もう同じことはくり返したくない。私の会社には社員もスタッフもアーティストもいて、みんなで同じ船に乗ってるから、もう沈ませるわけにいかないんだよね。

今進んだら嵐に巻き込まれるか、止まったらいいか——自分のためじゃなくて、誰かのためだから冷静になれる。強くなれる。

そんなわけで、あれから鬱はぶり返していない。

「あ、やべーな」って思ったら、頭のスイッチを切り替えられるようにもなった。

私の経験がどこまで参考になるかわからないけど、メンタルが弱ったら、1回立ち止まって、人生の脚本を書くことに集中してみて。

周りは鏡。
それがイヤならレベルアップしな。

ダメな男は切ればいいけど、二股してたとか金を騙《だま》し取られたとか、裏切りに遭ったらそう簡単にはいかないよね。

私もめちゃくちゃ恨んだ男がいた。昔の恋人なんだけど、私の時計を売り飛ばすわ、現金を抜き取るわ、浮気するわ、とにかくひどくて。別れようとしたら、私の車を売り飛ばして彼自身も飛んだ。とりあえず朝から晩まで彼を探し回って、そしたら自分の父親にブチ切れられた。

え？　なんで？　ここ味方してくれるとこじゃない？

父親いわく、そんな男を選んだお前が悪い。勉強代だと思え。追っかけてる時間が無駄だアホ。たしかに。

それで彼を探すのはやめて、失ったお金はまた自分で稼ごうと諦めた。そんなヤツを引き寄せたのは結局、私がそいつと同じレベルだから。

「周りは鏡」って言葉、聞いたことある？

私にとってこれは、母の言葉。子供の頃からずっと言い聞かされてきた。目の前にいるムカつくヤツも、失礼なヤツも、くだらないヤツも、みんな自分を写し出す鏡。同じレベルだから一緒にいる。イヤだと思ったら、自分がレベルアップすればいい。周りが尊敬できる人ばかりなら、「自分ってイケてるじゃん！」と喜べばいいし、裏切られたら「自分はまだまだそういうことをされるレベルか」と奮起《ふんき》するしかない。それができれば、裏切られてもなんとかなる。むしろエネルギーになる。

だって自分は裏切ってないんだから。裏切られるより裏切るほうが超ダサいし、裏切られたとしても自分から裏切ってないならＯＫでしょ。

とはいえ、裏切られたら泣き寝入りはしないよ。きっちり仕返しする。

ただ、裏切るようなくだらないヤツと関わっても、自分のレベルが下がるだけだから、相手に直接何かをしたりはしない。

じゃあ何をするか？　ひたすら自分を磨く。

最大の仕返しは自分が輝くこと、そうじゃない？

「こんな素敵な人を裏切ってしまったんだ」と相手に後悔させるくらいの自分になる。こう考えると、イヤなことってみんなガソリンなんだよね。

裏切られた自分はかわいそうな被害者って思うかもしれないけど、その後の行動によってはそうでもない。こういうイヤな経験って自分からはなかなかつくれないから、むしろ財産だと思う。

裏切られた……来た来た！チャンス！って感じで。

思えないかもしれないけどね。とにかく、大事なのは自分から相手を傷つけようとしないこと。とくに恋愛ってハマると不本意な言動を取ってしまうこともあるけど、なるべく人を傷つける行為はしない。人を傷つけるってダサいよ。そんなところに幸せなんて存在しない。

Q

いつも人に本音を言えない

人に気を使っちゃうのかな？
でも本当につながっとくべきなのは、
あなたの本音に向き合ってくれる人だよ。
本音を言わなかったら、
誰とつながっていいか
わからなくない？
思ったことは普通に言っとこ。

Q

自信がなくなったら？

私には絶対やれるって、
自分を洗脳すること。

Q

気持ちの切り替え方
教えて！

無理してでもいいから、
心のスイッチを入れ替える。
そして15秒待つ！
切り替わってるから。やってみて。

Q

未来が不安になったら
どうしたらいい？

新しいことに挑む。

Q

自己肯定感を上げるには？

自分のいい部分だけを見る。

あとは、ムカついたらムカつくって言ってみようか。

自分の気持ちをはっきり言うことが自己肯定感につながるから。
「私はハッキリNOと言える」って思えることが大事。

Q

もっと自分に厳しくなりたい

それはどうかと思う。
甘やかしすぎるのもどうかとは思うけど、

人間は壊れるからね。

ぶっ壊れる前に厳しくしすぎないこと。
とくに、自分ができてないことを人と比べるのはやめな。できること、できないことは人それぞれだよ。

Q

生きるために大切なことは？

夢を描くこと

［第2章］

SNSで生き残る

誰に嫌われてもいい。
ファンになって
ほしかったら、
突出するしかない。

今、ライブ配信をやっていたり、これから始めようと思ってる子も多いと思う。もしも私に伝えられることがあるとしたら、発信者なら嫌われることを恐れすぎるな、ということ。嫌ってくるヤツって何をやっても嫌う。私、嫌ってくるヤツに嫌われてもなんとも思わないんだよね。嫌われるのが怖くて、誰にでもいい顔してってもファンはついてこない。誰かに好かれたいと思ったら、思いっ切り突出しないと。

自分の思いをはっきり伝える。
キャラを全面に出す。
強みをきちんとアピールする。

自分を出せば出すほど、あなたを好きになってくれる人が必ずいる。ほかの人と違うからいい。同じじゃつまらない。「他人に嫌われないように」と、言いたいことも言えずに発信してたら、ハンドルを視聴者に奪われちゃうよ。

配信は自分の王国。
だから、自分以外に
配信のハンドルは握らせない。

もちろん何かを発信していれば、アンチコメントはたくさん来る。

例えば私の場合、「ライブがあるんですけど〜、来てくれる人〜」なんて告知すると、「行きます！　行きます！　行きます！」の中に、「絶対に行きません！」みたいなコメントが入ってくる。当然、スルーしない。

「え？　性格ブスは招待してないよ？　だから来なくて大丈夫です♡」

「てか、こっちから願い下げじゃ」

イヤなことを言われたら、はっきりイヤって言ってやろう。イヤなこと我慢するっておかしくない？

傷つけるようなことをわざわざ言ったりはしない。「そこは絶対ダメだと思うよ」「これはやめてほしい」と正直に伝えたら、「でもね、これすごくいいから、こっちを伸ばすようにがんばんな」とちゃんと愛も伝える。

今って、誰もがなかなか本心を言わなくなったよね。

例えば、昔は先生も本気で生徒に向き合ったけど、今はパワハラや体罰なんて言われたり、親から文句言われたり。

そんな大人たちのせいで、子供たちは誰とも深く関われなくなってる。

だからこそ、配信では腹を割って正直に話して、深い関わりってものがどういう世界か知ってほしいんだよね。

最初の配信は
3人相手にしゃべってた。

私が配信を始めた頃の話をするね。あれは10年くらい前。

当時の私は、業界の女性たちを守りたい一心で、女性専門の芸能事務所を始め、様々な会社に売り込みをかけていた。とはいえ、「有名なヤツが誰も所属してないのに何が芸能事務所だ」と言われ、結果は散々。

多くの人に自分たちを知ってもらうには、どうしたらいいんだろうと悩みながら営業活動を続けていたら、ある会社の社長が「今こういう媒体があるの知ってる?」と、ライブ配信を勧めてくれた。

スマホとガラケーが半々だった時代のこと。さらに私はSNSにめちゃめちゃ疎かったけど、社長の言葉にひらめくものがあった。

ライブ配信でファンと直接つながれるなら、やってみる価値があるかもしれない……私なら勝てるかもしれない。

さっそくツイキャスでライブ配信を始めた。見てくれてるのは3人。

3人、上等じゃないの。

配信当初は本当に夢ばかり語ってた。業界の女性たちが、いかにひどい目に遭ってるか。仕事の話かと思ったらセクハラされたり、ファッションショーのオファーを受けたら、多額のノルマを背負わされたり。

「そんな彼女たちを守りたい。だから私、女の子専門のプロダクションをやりたいんです！」

　その後、有名ツイキャス配信者とコラボしたこともあって、リスナーは10人、20人、１００人と増えていったけど、だんだん頭打ちになっていった。そのとき私は考えた。

このまま夢を語っていても
リスナーは増えない。

私の強みって何？

私はギャル出身の社長。口の悪さと気の強さがチャームポイントだ。

そのストレートな物言いを聞いて、すっきりするというリスナーも多い。

そこで、私はちょっとした賭けをした。

悪口書かれてる掲示板ってあるでしょ？　リスナーが増えると同時にアンチも増えて、私も好き勝手に書かれるようになっていた。

そこに「今からお前らと全員やり合ってやるから、生配信来いよ！」って直接書き込んでみた。

書き込む人は私にいちゃもんつけたいんだから、向こうからしても願ったり叶ったり。それをぶちのめして、こっちもよいプロモーションになる。

アンチのコメントに対し、正々堂々自分の意見を言う。

ときにはバチバチのケンカをしたり。

そんな感じでできあがったのが、「葉山潤奈の配信スタイル」だった。

自分の長所が知りたいなら、
短所を見て。
短所と長所って一緒だから。

アンチとやり合うことは、結果オーライだった。私の配信を聞いて、アンチなんて気にする必要ないと思ってくれた子もいたし、言いたことがあれば堂々と話し合えばいいんだと気づいてくれた子もいた。

まだ誹謗中傷が問題になる前のＳＮＳ界隈。心無いコメントに傷つく人がいっぱいいて、私もネットで傷つく人たちの味方になりたいと思うようになった。ただし、始めた頃はそんなことまで考えてなかったけど。

自分のよさを活かしたい、それだけ。

「インフルエンサーや配信者として、ファンを増やすにはどうしたらいいですか？」

なんて質問を受けることがあるけど、前にも言った通り、たくさんのインフルエンサーや配信者がいる中でファンを増やすには、突出するしかない。自分の長所を磨いて、突き抜けるしかない。

長所なんてわからないって人も多いよね。私も最初は自分の長所なんてわからなかった。でもここは冷静に、自分を客観視してほしい。

そして、もしも自分の長所がわからないなら、自分の短所を見てみてほしい。短所と長所って一緒だから。短所も長所もある意味「突出した部分」だし、かけがえのないあなただけの「個性」なんだよね。

ちなみに私の場合は、長所は「何事にもひるまず挑めるところ」だけど、見方を変えれば「挑みすぎてブレーキが利かない」という短所にもなる。

配信でも「ストレートに物事を言う」ところを気に入ってくれる人も多いけど、「言葉が強すぎて傷ついてしまう」という人もいるかもしれない。「堂々としてるから偉そう」と思われることもあれば、「それが逆に見ていて気持ちいい」って人もいる。

短所と長所って本当に一緒だからね。

例えば、おしゃべりが苦手な子がいたら、なぜ苦手なんだろうって考えてみる。伝えたいことがあるけど、おっとりしていて言葉が出るのが遅いなら、そのおっとりゆるやかなムードを長所にして配信してみる、とか。

私は芸能事務所の社長として、たくさんのアーティストをプロデュースしてきたけど、まずやるのは、その子の長所を見つけて伸ばすこと。

その鍵になるのが短所だった。一人の人間だから、短所と長所がかけ離れてるってことはない。どちらも個性で、その個性を短所としてずば抜けさせたらダメだけど、長所としてずば抜けさせたら価値になる。

あなたの短所は何？それを長所ととらえたら、どんな武器になる？

ちょっと考えてみようか。

Q

将来起業したい。
今やれることは？

いろんな世界を見ておく。

あらゆる場所に出向いて、様々な人に会って
情報を集め、行動力を強化させて。

Q

友達とケンカした！

いいんじゃない？

人と深くつき合うためには、
腹の内を割って話さなきゃ。
ちなみに、私はめっちゃトラブルを起こす。
それって、人と真剣に深く
つき合ってる証。

Q

インフルエンサーが
間違ったことを言ってて
ムカつく！

自分とは関係ない
インフルエンサーにつっかかりたいときって、

自分が不満を
抱えてることが多い。

もちろん、間違ってたら
正したいのはわかるけど、
自分自身の不満にフォーカスしたほうが
いいと思うけどな。

Q 自分だけ損してる気がする！

損得ばかり考えてると、
自分の本音とかやりたいことが
わからなくなるよ。
そもそも損したってＯＫ！
損を経験しないと、
得に気づけないからね。

Q 裏切った彼をもういちど信じる方法は？

信じるかネクストステージに行くかは
自分で選ぶこと。

人生ってだいたい二択。

やるかやらないか、食うか食われるか、
捨てるか捨てないか。

私たちは二択を選んでここまできた。
どっちを選んでも間違いはない。
後から間違ったと思っても、二択を選んだ
経験があるから間違いに気づけたとも言える。

で、一番やばいのが、
選ばすに立ち止まること。

自信をもって直感で選んで進んで。

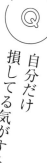

ワードのパンチを
細かくくり出す、
それが
私の生配信の強み。

「生配信始めたんですけどリスナーが増えないです」って相談もよくもらうけど、わかるよ〜。私も増やしたいと日々もがく一人だから。

何度も言うけど、なんでもいいから突出しないとダメだよね。

私の強みは気の強さなのかマシンガントークなのかわからないけど、ほかの人とは違う何かがあるから、いろんな人が観てくれてるんだと思う。

人と同じことをやっても仕方がない。自分が持ってるものを磨いていくしかない。

美人じゃないけどメイクがスーパー上手だったらメイク、めっちゃちゃぽっちゃりさんなら逆にダイエット動画でもいいし。お酒が好きで好きでたまらないなら、べろんべろん配信でもいいかもしれないし、口下手だったら何もしゃべらなくてもいい。

そういえば、「ふふふ、ふふふ」ってひたすら笑ってる子の配信もあったな。「なんだよ、しゃべれや」とかコメントされても、ひたすら黙ってて、そのハートの強さが逆に気になって観続けちゃう。

配信はなんでもアリ。もしもコレってものが見つからなくても、始めてみたら、自分がアピールしたいものとは全然関係ないことがウケたりすることもある。

私、動画のオープニングはピタッと止まって「静止画かと思いました～?」っていうのが定番なんだけど、あれだって偶然から生まれたしね。カメラを回したものの、コメントなくてしゃべるのがはじめてだったんで、「え? 何しゃべればいいの?」と固まってたら完全に静止画。「あ、これでいいや」って思ってやり続けたら、案外好評だったという。だから、配信してみたい人はとりあえず始めちゃうっていうのも手。とはいえ、「ありのままの自分を理解してファンになってください!」っていうのも、ちょっとずうずうしいかもね。

私もありのままをさらけ出しているようで、適当にしゃべってるわけじゃない。さりげなく視聴者の数はチェックしてて、「人数が減ってきちゃったな」「飽きてるな」と思ったら、バッと話題を変えてみたりする。それと生配信の場合、どこでリスナーが入ってくるかわからないよね？だから、30秒に1回はインパクトのある言葉を言うようにしてる。

ワードのパンチを細かくくり出す感じかな。

「私ってドリンクビッチなんだよね」「え？　どういう意味？」みたいな。配信に入った瞬間、ワードのパンチで打たれたら、そのまま興味を持って滞在してくれたりするからね。もちろんこれは一例。試行錯誤しながら、自分のスタイルを見つけていったらいいんじゃないかな。

もしもデマを流されたら、
とにかく黙らないほうがいい。

たまにもらい事故みたいに、変なヤツに絡まれることがある。

ちょっと前にも粘着してくる男がいて、あることないことデマ言ってからんできた。

ＳＮＳで徐々に名前が売れてきたら、思わぬデマを流されることをもある。黙ってると根も葉もないデマが独り歩きして、面白がる野次馬がめっちゃ群がってくる。

リアルな人間関係だったら、表情や声ですぐでまかせだって気づいてもらえるけど、ＳＮＳは基本文字の世界だからね。

ウソが本当みたいな顔して歩き出す。

デマは否定反論していいんだよ。とにかく黙らないほうがいい。

「どうせネットなんて真面目に言っても無駄でしょ」

って思うのもわかるけど、わかってくれる人はわかってくれるから。

敵が10人増えたら、味方も10人増えるから、ちゃんと説明して味方を増やしにいく。

もちろん、メンタルがやられそうだったら、ブロックしたり、しばらくスマホの電源を落とすのも手だけどね。

逃げて勝てるなら逃げてしまってもかまわない。ただ、経験上、逃げずに立ち向かったほうが解決するのが早い気がする。

もしも言葉で反論するのが怖かったら、スクショ撮って反論するとか、それも怖かったら信頼できる人に相談するのもいいかもね。

SNSは、生まれも育ちも価値観も状況も何もかも違う人が集まる場だし、中には頭のおかしいヤツもいる。顔を突き合わせてる同士だったら話し合いができるけど、そうもいかないし。

とくに未成年の子がSNSをやる場合、信頼できる大人とのパイプを持っておいたほうがいい。私もそんな頼れる大人の一人になりたいと思う。それを踏まえた上で、自分の意見をちゃんと言ったら、あとはそれが伝わってる人の言葉にだけ、耳を傾ければいい

たとえ反論や批判をされても、愛があって「潤奈ちゃんこうしなよ」って言ってくれるのか、単なる揚げ足取りをしているのかも、ちゃんと耳を傾ければわかってくるから。

それがわからないときは、スルーでもいいし。

自分が悪いことをしていなくて、ちゃんと説明もしたのなら、あとは愛があると感じるほうだけ見ておけばいい。

自分の指先が
誰かの命を
奪うかもしれない。
それは心に留めて
おいてほしい。

人間は思うほど強くない。みんな知ってると思うけど、ＳＮＳのデマや誹謗中傷に耐えきれず、自ら命を絶つ例もたくさんあったよね。

つまり見ず知らずのヤツの遊び半分のひと言が、誰かの命を奪う可能性があるってこと。いい？　想像できる？

裏を返せば、なんとなく上げた自分のコメントが、誰かの心をズタズタにしてしまうことだってあるんだよ。

私のつくった『指先殺人鬼』って曲に、こんなフレーズがある。

「その汚れた指先で、いたずらに操っては、ナイフ刺してること、気づいてない」

なんとなくむしゃくしゃして。なんとなく周りのムードにつられて。なんとなく指先で打ち込んだ文字が、人を殺せる時代になってる。

誹謗中傷で有名人を死に追いやった人のインタビューを見たけど、普通のおっさんで、「本人に届くとは思わなかった」って言ってて、本当に安易に書いてるんだよね、みんな。

匿名をいいことに誰かを傷つけたり、聞く権利もないのに、根掘り葉掘り人のプライベートにつっ込んでいったりって、すごく非常識だからね、ほんと。私はデマや誹謗中傷でフルボッコになって、命を落とす人がこれ以上増えないようにしたい。って言うと、スルーすればいいって人もいるけど、なんでやられたほうがスルーしなきゃいけないんだよ。
さらしたり、開示請求して訴えたり、やり方はいろいろあるかもしれない。

けど、できればみんなのマインドを変えていきたい。今から、ここから、私たちからね。

大人も悪い。今は変な正義感を持って、デマを検証しないままさらして、ネットリンチをくり返す配信者も増えてるし、そこに乗っかって日頃の鬱憤を晴らすリスナーも多いし。

さっき紹介した『指先殺人鬼』には、こんなフレーズが続く。

「その不安な指先で、間違った正義感、間抜けどもは落ち着かない」

事情も知らないのに、間違った正義感を振りかざして、一人の人間をフルボッコにするのは、本人が不安な人生を生きてるからだと思う。

煽《あお》っている間は、ボコっている間は正義のヒーローの気分を味わえる。

ちょっと待ってよ。見ず知らずの他人に執着して、あなたの人生にはなんの意味があるの？どんな得がある？

もしも自分が必要以上に他人を叩いてることに気づいたら、ちょっと自分のマインドを客観視してみてほしいな。自分の中に何か不満や不安があるなら、そこにフォーカスしたほうがよっぽど意味があると思うよ。

SNSで批判されても、
あなたの心が"正しい"と
思うことをしなさい。

行動しない人は
誰かをけなすし妬む。

行動するあなたを
嫉妬するしかできない愚か者は
あなたが何をしたって
批判しかできないのだから。

そんな卑劣無価値な文字など
いちいち気にする必要はない。

進め！

自分の人生を謳歌せよ！

あのネットリンチ事件。
私じゃない人に起きていたら
死んでたかもね。

私がこんなふうにデマや誹謗中傷、ネットリンチについて言い散らかしてるのも、過去、本気で死にそうになったことがあるから。

それがまえがきで書いた「犬殺し」事件。

あれはひどいネットリンチだった。ネットリンチ被害者としてニュースになって、テレビ番組の出演オファーや取材が殺到したほど。

発端は飼ってた愛犬ジェスの事故死。私が出張で忙しかった時期、今日は休みで遊べるぞと思って座ったところ、興奮したジェスが後ろから、私の肘に突進してきた。すごい音がしたわけじゃないけど、もう10秒もしないうちに息をしなくなって、そのまま死んじゃった。

パニックを起こした私は、そのままの気持ちを配信に流した。つらくて苦しかったけど、ファンに大丈夫だと伝えるために毎日配信して――結果的にそれが逆効果になった。いつの間にか流れていたのが「犬殺し」というデマ。殺すわけないじゃない。愛犬だよ。動物飼ったことある人ならわかるよね。それが伝わらないのがネットの怖さ。心底憎かった。

なんでそんなひどいことが言えるの、と恐ろしさを覚えた。

その頃、有名配信者にリークした人がいて、そいつが面白半分で「ワンワンってコメントしたらどうなるんだろう」なんて言って、私の配信のコメント欄がワンワンで埋め尽くされたこともあった。犬の遺骨をネックレスに入れて販売してるというフェイク画像が出回ったり、犬を食べただの、信じられないデマが流れた。動物愛護団体に通報されたり、謝れとか言われたけど、なんでお前らに謝んなきゃいけないんだよ。

私は殺してない。殺してないのに。

書いてるだけで震えてくる。もしも私以外の人に起こったら死んでたかもね。でもね、そんな中でも応援してくれる人はいた。

私と一緒に、コメント欄に集まった野次馬に言い返してくれたり。

まあでも、言い返せば言い返されるんだよね。野次馬はそれが面白くてやってるんだから。だから、ファンの子にこう言った。
「もう同じ土俵に上がるのはやめよう。私を応援してくれてる人は、ハートマークだけコメントして。何も文字を書かずに」

そしたら急にコメント欄がハートマークで埋め尽くされた。

たくさんのハートマークが流れ、野次馬のコメントが見えなくなった。そのとき思った。まだ日本のネット社会も捨てたもんじゃないなって。私はそれをハートのエールって呼んでる。誰かがやられていたら、言い返すことができなくても、ハートマークを送り合うことができる。それを「私はあなたを信じてますよ」とか、「がんばってくださいね」と受け取ることができる。

愛でネガティブを消すことができたら、こんなにいいことはないよね。

［第3章］

愛にふり回されない

失恋した？
あけましておめでとう！

失恋はブランニューライフの始まりだから、「あけましておめでとう！」って言うようにしてるけど、突然別れを切り出されたら、「どうして？」「私のどこが悪かったの？」「どうしたら戻れるの？」みたいなフレーズが脳内をかけ巡ってしまうこともある。わかる。私だってそんなときがあったから。今思えば、「何言ってるの？」って感じだけど。

そもそも復縁したい人って、「過去が未来を上回らない」と思ってない？

未来は過去をぶっちぎりで上回るよ。「彼じゃないと」なんていう子は、単純に見ている世界が狭いんじゃないかな？

私もそんなことがあった。16歳くらいのときに、同じ人とそりゃもう100回くらい戻ったり別れたり。でもそれがいかに惨めなことかわかったから、もうそんなことをするのはやめた。

もちろん、何事も経験するのは大事で、1回とことんしがみついてみたり、未練がましくなるのもありだと思う。ヨリを戻したいって占いに行きまくって、お金を無駄に使ったりね。納得するまでやり切っていい。

ただし、去り際だけはかっこよく。

恋愛にしても仕事にしても、別れるときって単にお互いのパワーバランスやレベルがズレただけ。自分のレベルが落ちたのか、相手が落ちたのかはわからないけど、レベルが合ってないだけだから、別れるって悪いことじゃない。さらにいい人と出会うための通過点にすぎないのよ。

それでもヨリを戻したかったら、相手じゃなくて自分に集中したほうがいい。例えば私は、結婚を考えた彼とサクッと別れたあとも、気持ち的には1年間くらい引きずった。ただ、もう別れたんだからリブートするしかないって思って、髪の毛を切ってみるとか、モデルをやってみたりとかいろいろあがいて、今の新しい夢を見つけた。

1年後、彼と再会。彼は何も変わっていなかった。仕事も変わってないし、乗ってる車も服装も何もかも変わってない。体の相性はめっちゃよかったんで、「体だけおかわりしよっか♡」ってなってしばらく遊んでたら、彼のほうが本気になって「もう1回ヨリを戻そう」と復縁を求めてきた。

あんなにヨリを戻したかった彼なのに、私は断って前に進んだ。

「彼といても、自分は下がりもしなければ上がりもしないんだろうな」

と気づいたから。

私は彼と離れている間、無謀ともいえるチャレンジをくり返し、人生を大きく変えた。でも彼の人生は何も変わっていなかった。

これはたまたまな例だけど、自分を磨いて損することはない。

相手じゃなくて自分に集中して、相手から「ヨリを戻させてください」と言われるくらい濃い人生を送ればいいんじゃないかな。

人生の脚本は
あくまでも自分で書く。
もちろん主役は
あなた自身。

恋愛で不幸になるときって、自分の台本を相手に委ねちゃってるパターンが多い。ダメ男にふり回されたり、浮気男に心をズタズタにされたり、相手のストーリーに飲み込まれてしまっている。

いい？ プリンセス。自分のストーリーは自分でつくらなきゃダメ。

例えば、大好きな人にめいっぱい愛される。
彼に愛されてる自分のことがいっそう好きになる。
二人でいると心の底から安心感が湧いてくる……。
なんでもいいけど、脚本は自分で書かなきゃ。
もしも、リアルが脚本からズレていったら、
「すいません、脚本と違うんで」「このストーリーだと辻褄合わなくなっ

ちゃうんで」って言って、自分のストーリーに戻す。相手から「いや、そんなストーリーじゃない」と言われたら、キャスティングを変えればいい。もちろん、自分が幸せになるために、人をめちゃくちゃにしていいわけじゃない。自分でストーリーは書くけど、そこに最初から泣く人を書き込んじゃダメよ。もちろん別れには多少の涙はつきものだけど。

自分の想いを伝えないパターンもやめたほうがいい。

「気持ちに気づいてほしい」「彼から告白してほしい」って、超能力者じゃないんだから、自分から「私はどう？」って聞いてかないと。

答えを聞くのが怖い？　ひょっとしてあなた、宝くじ売り場でスクラッチ買って、結果を見ないタイプ？

答えがほしかったら、ちゃんとスクラッチ、削らないと。

ちな、私はめちゃくちゃがさつに削るタイプ。結果を早く知りたいってザーって削っちゃう。ダメって結果がわかったら、また次探し出すしかないからなる早で削っていかないと。30超えてやっと気づいたけど、若さってブランドだからモタモタしてる暇はない。彼は違うな〜と思ったら、自分のストーリーをじゃんじゃん書き足して。

「彼とラブラブになるはずだった……だがしかし」ってね。

自分のストーリーは自分で自由に書き足せる。失恋したての人はそんな余裕はないかもしれないけど、恋が破れたことで、ワンシーンつくれるじゃない？　夜にキャンドルを焚いて、お酒を飲むシーンとかね。主役はあくまでもあなた。それは肝に銘じておいてね。

実は私も苦手なんだよね。
本気で愛した人を諦めること。

もう無理やと気づいていても、
手に残った少しの希望に期待して、
それを握りしめる。

それより大胆に手放して空っぽにして、
新しくつかむ準備を
もっと早くできればいいのに。

でもそれができないのは、
本気で人を愛せる証。

だから必ず

また誰かを愛せる。

男にふり回されてもいいけど、
「二足のわらじ」は履いといて。

ふり回されちゃいけないと思っても、恋をするとどうしたって相手にふり回されるよね〜。わかるー。

私もかつてそうだった。彼が生活の主軸になっちゃって、生活はすべて彼ペース。彼が休みの日は自分も仕事行かなくて、なんか給料少ないなとか。疲れてても彼に合わせて行動するから、しょっちゅう体調壊したり。

結局、全部損なんですよ、損。

彼のことしか見えなくなって、依存しすぎたり、ふり回されたり……。女はそもそも育児しながら家事したり、本質的には「二足のわらじ」を履くのに長けてるはず。「彼しか見えない」なんて、女の特性を活かせてないんじゃないかしら。

彼と会ってるときは彼に集中する。会ってないときは頭を切り替えて、女友達と楽しんだり、仕事に力を注いだりする。

そんなふうに「二足のわらじ」を履いてプリンセス！

彼とも会いたいし、友達とも遊びたいし、仕事もがんばりたいし、趣味も極めたいでいいじゃない！

わがままだって彼に嫌われる？　大丈夫。あなたがあなたらしくキラキラしてれば嫌われないし、尽くしたり顔色をうかがわないと嫌いになるような器の小さい男は、早いとこキャストをチェンジしないと。

ただし、これだけは肝に銘じといて。

自分が主軸でいいけど、「自分だけ楽しい」だと結論楽しくない。

周りも楽しくないと楽しくないから、「誰かのため」を一番前に持ってきておくと、結局それが「自分のため」になる。

「誰かのため？　それなら彼のために彼に尽くしたっていいじゃん！」

って思うかもね。わかるー。でも前提が違うの。

彼に愛されるためとか、彼に何かしてもらおうと思ってやるんじゃなくて、自分のために「ギブ（与える）の精神」を持っておく。これは言葉で説明するのは難しいから、実際に行動して感じてほしいんだけどね。

例えば、私はもともとおせっかいだから、目の前に困ってる人がいたら助けてしまう。もう反射神経でね。別に恩をきせようとしてやってない。「ギブしたからテイクくださいね」ってわけでもない。

ただギブしまくるだけ。ギブ&ギブ。

でもね、「誰かのため」でやってたら、勝手に返ってくるんだなこれが。私が困ったときにパッと手を差し伸べてくれたり、「あのとき、助けてくれたから」って助けてくれたり。だからギブしまくったらいい。

私ばっかりやってあげてるとムカツく？

大丈夫。半端ない人数こなしてれば、やったことなんて忘れるよ。

「自己肯定感」は
手っ取り早く
爆上げする！

私がギブ&ギブを推すと、

「与えるだけなんて、損じゃないですか?」

って思うかもしれないけど、むしろすごいノーリスク・ハイリターン。

自分がしてあげたいことをしてあげるだけだから、リスクなんてないし、それを相手が喜んでくれて自分もうれしかったら、最強。超ハイリターン。

ここで「あげたら返してほしい」みたいなギブ&テイクマインドが飛び出すから、ハイリスク・ローリターンになっちゃうわけ。

例えば「100円のものをあげてんのに10円のものしか返ってこない!」なんてムカついていたら一生幸せになれない。

「私は好きで与えているのでOKです!」

「私は差し上げますけど、受け取るも受け取らないもご自由に」

そこまで行けたら、裏切られようが何されようが関係ないし、相手にふり回されることもない。

まるで教祖みたいだけど、教祖になっちゃえばいいのよ。

わかるよ。今はまだ腑《ふ》に落ちないよね。ちょっとずつ試していくことで、ギブ&ギブの心地よさを体感できると思う。

で、これだけは覚えておいてほしい。

ギブ&ギブで他人に与えるだけ与えてると、自分を好きになれる。

「自己肯定感が低いから、都合のいい女になっちゃう」

「自己肯定感が低いから、他人に認めてほしい」

な～んて言ったりするけど、前も言ったけど、「自分で肯定する」から

「自己肯定感」なんだよね。他人の評価なんかいらない。自分が「私ってOK!」って思えばいい。

で、ギブ&ギブをしてると、めちゃめちゃ「私ってOK!」って思えるようになる。

「この子を守れた」「あの人の役に立てた」なんて思えるし、自分がサポートしたことが、結果的にターニングポイントになって相手の人生が変わったり、忘れた頃に自分がやったことが返ってきたら、

「あーよかった。私って人の人生左右させるくらいの力持ってんだ」

みたいに思えるから。

ギブ&ギブ、誰も損しないよ。

人を信じるとは、
裏切られる覚悟を持つこと。

友達に彼を寝取られた、親友に秘密をバラされた、貸したお金を返してもらえない、仲いい子が裏アカでディスってた……こんなふうに、生きてれば裏切られることもある　信じてた人に裏切られて「もう二度と他人なんて信じない！」って思うこともあるけど、それってちょっともったいなくない？　って思うんだよね。

私も散々裏切られてきたから恨みたくなる気持ちはわかるけど、「男にひどい目にあったから、もう恋愛なんてしない！」「友達に裏切られたから、もう誰にも心を開かない！」とかどうだろう。人を裏切るようなヤツのせいで、自分の行動が制限されるなんて悔しいじゃん。

自分が裏切った側ならかっこ悪いから反省しろだけど、裏切られた側なんだったら堂々としていい。

よく「人を信じたいけど、信じられない」って相談される。

たしかに、信じていた人に期待を裏切られるのはつらいよね。

ただ、私は人を信じるって、相手が自分を裏切らないと期待することではなくて「裏切られる覚悟を持つこと」だと思う。

「それって、人を信じてることにならないのでは」って思うかもしれないけど、そもそも他人をコントロールするのは無理だし、完璧に自分の思い通りに動くはずはない。だから、何があっても裏切られる覚悟を持つ。覚悟を持てれば、いくらでも人を信じられるし、人に心が開けるんだよね。

他人に全体重をかけないというか、もしも裏切られても「あ、やっちゃったね」「私は絶対味方に置いておくべきだったんじゃない？」とマウントを取っておく。ここ重要。

「あの人にこんなことされた」「あの人のせいでこんな目に遭った」なんて、いつまでも被害者意識を抱えていてもラチがあかない。

被害者意識より、マウント意識。

「私を敵にするなんてバカだなあ～」「私ほど他人思いのヤツいないのに」「二度と私にすがれなくなったね」と、つねに相手の上に立っとく。

え？　お人好しすぎる？

私は強さイコール優しさだと思う。だから、優しさでマウントを取る。

そもそも「周りは鏡」だしね。「自分は裏切られる人間なんだ、まだ」って考えてたほうが、伸びしろがある。自分が「この人だけは裏切っちゃいけない」って人になれば、周りも裏切るようなヤツはいなくなると思う。

優しさでマウントを取ってるうちに、周りには優しい人ばかりが集まってくると思うよ。引き寄せの法則ってあるからね。

Q 毎回、追いかける恋愛ばかりしてしまう

いいじゃん！

ハンターじゃん！

かっこいいじゃん、追っかけてなよ。

Q 同性に告白されました。傷つけない断り方は？

考えすぎ。

「同性は眼中にないので」とかいらんひと言はいらない。普通にごめんなさいでいい。

Q 復縁したけど素直に喜べない

もう一度、解散しましょう。

Q

元彼とセフレになった。
やめておくべき？

次見つかるまで
シガんで、おく。

次見つかったらさよなら。
私ならね。

Q

23歳でバージンてどう？

新品のブランドもんよ！

焦る必要なし。
誇りをもって！

Q

配信者にガチ恋したけど、
ファンとしか思われてない

それは……

あきらめてくださ〜い。

もちろん恋に発展することってある
かもだけど、配信者は人気商売。
誰もがファンと一線超えちゃいけないと
思ってる。その人を好きで応援してるなら、
あきらめてしっかり推してあげて。

Q

好きな人がいるけど、
自分からばっか
誘ってるのってどう？

え？ よくない？

誘われないから嫌われてるってこともないし。
誘って断られないいんだったらＯＫっしょ。

Q

彼氏いるけど新しい人を
好きになった。どっちを取る？

新しいほう！

新しい歯ブラシ見て、この歯ブラシいいなーと
思ったら、新しいの使わない？

Q

彼氏がケチすぎて困ってます

残念だけど、

金銭感覚が合わない人とは
一生合わない。

金銭感覚って、性格に近いと思う。
別れな！

Q

長年片思いしてて
次にいけない

でた！
もったいない系
プリンセス。

可能性がないとわかってるのに、
何をしてるんですか？
片思いの人を捨てないと、次はあらわれないよ。

なぜなら探さないから。

その人のことはきっぱり忘れて。

Q

すぐ人を好きなる
私ってクズ？

それは才能！

そんな人生超楽しいじゃん。羨ましい！
全然クズじゃない。才能才能！

Q

彼の浮気を疑って
ＳＮＳを探ってしまう

名探偵やっちゃってるね〜。

負のオーラをまとっちゃうからやめな。
自分を止められないなら、別れたほうがいいかもね。

それは、

「ああじゃあつき合いましょうか姉さん」

みたいな感じで始まった。

私の恋愛について話そうか。

散々男を追いかけたり、ふり回されたり、逃げ回ったりしてきたけど、忘れられない恋愛をあげるとしたら、ある女性との関係になると思う。

彼女とは恋愛から始まったというより、最初は同情というか同志というか、複雑すぎて言葉にするのが難しいんだけど、とにかく私にとって彼女はすごく尊敬する先輩だった。

あるとき「お前を信頼してるから言うけど、自分は恋愛対象が女なんだよね」と秘密を打ち明けられた。そこから毎日のように飲みに行ってお互い深い話をするようになって、彼女が愛する人と死別した過去を知った。

「幸せになってほしいなー」って心の底から思っていて、ある日「潤奈に彼氏ができるまで、つき合ってくれない？」と言われた。

悩んだよね、2時間ほど。

即断即決スタイルの私が2時間悩むのはかなりのこと。

そして、「ああじゃあつき合いましょうか姉さん」って答えた。

女の人とつき合ったことのない私は、全然勝手がわからない。

「体のつき合いみたいなのあるんすか？」って聞いたら「あるよ」って感じだったから、「今からシャワー浴びてくるんで、じゃあ抱いてもらっていいですか？」みたいな流れで進んで。もともと話も性格もセンスも合うから、その日から一緒に住み始めた。

葛藤はあった。違う先輩からめっちゃ反対されたし。

それに私、女の子専門の芸能事務所の社長だよ。もしも何かの拍子でバレたら、私が女好きだから女の子集めてるように見えるからね。

実は反対されたとき、一瞬だけ女性とつき合うことへの違和感を覚えた。

ほんの一瞬の不思議な感覚。

でも、「別にいいやろ」みたいな感じで1年つき合って、男女でいうところの結婚であるパートナーシップ宣言をした。

カミングアウトするなら、ちゃんとできるところまでやって「本気です」って言いたいと思って。それが女の子を束ねる社長の責任でもあるかなと思ったんだよね。この事務所やってくんだったら、恋愛とか結婚とか諦めるしかないのかなと思ってたんだけど、彼女も私の事務所に所属していたし、応援する形で一緒にいれたらプラスしかないとも思って。

もちろん好きだったよ。

ハラハラドキドキの好きじゃないけど、一緒にいて落ち着く、彼女が笑ってるとうれしい、みたいな。

あれは母性本能みたいなものだったのかもしれない。

ただ、そんな関係も長くは続かなかった。私が母性本能を発揮する一方、彼女は反抗期の少年みたいな態度を取り出したのだ。

相手が病んでいるときは、
確実に自分のメンタルも
削られてる。

最初は些細《ささい》なことだった。

事務所のルール的に飲酒NGのイベントで、勝手に酒を飲み出した彼女。

彼女は彼女でいろんなプレッシャーがあったと思うし、私も社長として彼女の傍若無人な態度を許すわけにいかなくて、事務所の子の目の前で取っ組み合いのケンカになり、目の前で母親を突き飛ばされた。

ライブ終わりだったその日に、彼女は「今日はファック」なんてツイートしていて、会場に来てくれたファンの子から「ひょっとしたら私が何かしちゃいましたか」なんてコメントもらったり、心配させちゃったりして。

なんだか少しずつ少しずつ歯車が狂ってきたんだよね。

徐々に別居するようになっていった。

決定的だったのが、事務所内部を引き裂き始め、歯止めが効かなくなったこと。

別れを切り出したのは私からだった。

変わるからと言われて何度も許したものの、結局ふり回され続け、彼女のメンタルもどんどん壊れていった。

たくさん話をしたし、できることはすべてしたけど私も疲れ切ってしまって、無期限の活動休止、そして事務所解散を発表した。

それでも彼女の暴走は止まらず、ＳＮＳでデタラメな情報をさらし続けた。精神科も受診してもらい、私は彼女のいないところで先生からこう言われた。

「あなたの身が危ないから、徐々にフェードアウトしてください。『未来に一緒にいるために離れよう』とウソをついてでも離れてください」

相当危険な状態だったんだろうね。

彼女の親にも間に入ってもらって、３年間を共にした私たちは結局、お別れすることになった。

って書くとラクに別れたように読めるかもしれないけど、信じられないくらい大変だった。

なかなか動じない私でも、かなりメンタルやられたし。

もしかしたら、これを読んでる人の中にも「彼が発狂した」とか「元彼がストーカーになった」とか、パートナーが病んでしまって苦しんでいる人もいるかもしれない。

正直、そうなったらもう専門家に任せるしかない。

なんとかしようという気持ちは、残念ながら、浅はかだ。

相手だけが病んでいるように見えるかもしれないけど、確実に自分のメンタルも削られるからね。

共依存にならないように、話せる相手は別で確保したほうがいい。

別れるのは難しいけど、別れられないってことは絶対ないから。

自分を守れるのは自分だけだから。

こんなふうに、私のはじめての「彼女」との日々は終わった。

散々つらい目に遭ったから、後悔してるかというとそうでもない。

私はたしかに、あのとき彼女が好きだったたし、きっとあの悩み抜いた日々も、いつか何かの糧になると思うから。

そういう意味で、今では彼女に感謝している。

もしも大切な人に死にたいと言われたら。

死にたいと思いながらも１日、１日、

必死に生きてることを褒めます。

生きてる限り、まだ間に合う。

死にたいと考える理由を聞いて、

一緒に悩みつつ

具体的に改善されるよう話し合う。

あなたを救えるのはあなたの覚悟だけだから、

相手を信じます。

生かされてるのには必ず意味がある。

その意味を探したい。

［第4章］

セルフブランディングで勝つ

全員が安室奈美恵だったら、
誰がかわいいかわかんないでしょ？

今は整形もカジュアルになってきたし、「憧れの顔に寄せたい」「あの人みたいな外見になりたい」って子も多いと思うけど、やっぱり人気が出るのは、自分の個性を活かして自己プロデュースできる子だと思う。

私が自己プロデュースの重要性に気づいたのは18歳。ホステスを始めたときだった。当時は雑誌『小悪魔ageha』の全盛期。色白のキャバ嬢がめちゃくちゃ流行った時代で、地黒の私は肩身が狭かった。「なんでこんなに色が黒いんだよ」ってお客さんからも言われたりして。

でもしょうがない。別に焼いてこうなったわけじゃないし。ただ、ホステスとしてまるでダメだったかというと、そうでもない。

色黒を際立たせるセクシーなファッションに身を包んでいたせいか、お客さんには絶対に覚えてもらえた。万人受けはしないけど、ハマる人にはバーンとハマるので、それですごい売上が立ったり。

水商売は自己プロデュースが結果につながりやすい。

そうそう、一人、キャラの濃いお姉さんがいた。アゲハ全盛期だから、盛り髪の華やかなホステスさんが多い中、漆黒のショートヘア。

昔の山口百恵みたいな雰囲気。なのにその人ずっとナンバーワンだった。

すごくキレイなんだけど、化粧も薄くて、和柄の入ったドレスもヘアスタイルも周りからめっちゃ浮いてた。でも、帰るときは普通のギャルなの。タンクトップにジーパン履いて、当時流行りだったでっかいベルトして「お疲れ～」って。ウソ！　って思ったよね。

ショートヘアのウィッグも和柄のドレスも。自分をどう見せたら個性が引き立つのか、人を魅了できるのか、全部自己プロデュースで、感動した。

そして、私がこの人に勝てるとしたらどこだろうと真剣に考えた。

そこでようやく、「あ、肌黒いやん」と気づいて。

ロングドレスが流行ってたけど、あえて思いっきり足を出すボディコン姿に変えて、おじさんには「バブル」って呼ばれたけど、結局アゲハ全盛のあの時代、うちの店のワンツーは山口百恵とバブルだった。

今の時代って、みんな横並びだけど、それじゃ誰にも見つけてもらえない。私は安室奈美恵さんが大好きだけど、全員が安室奈美恵だったら、誰がかわいいかわかんないでしょ?

人にはその人に合ったスタイルがある。他人から「太ってる」って言われて自分が悔しいなら痩せればいいし、それを言われて「でもあたしこれでイケてる」って思うんなら、グラマラスを貫けばいい。

他人の目は気にするものじゃなくて、コントロールするもの。

自分がどうなりたいか、人にどう魅せたいか、一度冷静に考えてみて。

どんなに才能があっても、
活かし方がわかってないと
モノにならないよね。

事務所を立ち上げて、これまで何百人というモデルやアーティストと出会ってきた。もちろん、うちに入ったからといって、バーンと結果が出るものじゃない。モノになる子、ならない子いろいろいる。

これを読んでる人の中にも、自分の才能を磨いて有名になりたいって子がいると思うけど、ひとつだけ言えることがあるとしたら、「くじけたもん負けだぞ」ということ。

人生諦めなかったもん勝ちなんだよね。どんなに負けても最後に勝てばOK。

今は自分が思ったスタイルで売れなかったり、ちょっと批判されたら傷ついたり、諦めてしまう人が多いけど、それでは芸能でもほかの仕事でも、どこで挑んでも同じ結果になると思う。もちろん「これをやりたい！」っていう情熱は大事。

でも、それだけじゃダメ。そこにもうひとつ客観的な視点が必要なの。

「自分にはどんな才能があるか」「今の時代でそのうちの何が使えるのか」を考える力というか。

例えば私の場合、配信を始めた理由は前にも書いたけど、自分の芸能事務所を有名にしたかったからだし、別にカメラの前でしゃべるのが好きってわけでもなかった。

強いて言えばそのときの状況の中で、自分の才能を一番活かせそうだったから無我夢中で始めたって感じ。

だから、リスナーの反応を見ながら試行錯誤をくり返したし、勝手に話しているように見えて、どういうワードを入れればリスナーを増やせるのか、何分ごとにどういうフレーズを話すと引きがあるのか、計算したりもした。

「TikTokを始めるときも、最初は音源に合わせて踊ったり、メイクをバーンと変えたりいろいろやって。最終的にはしゃべりが得意だからしゃべってみようかなと。

で、３パターンのテスト動画をつくって「この３本の中のひとつで絶対当ててやんぞ」と意気込んで、その中のひとつがバズって今に至ってる。

もともとバンドを組んでたから歌は好きだけど、絶対的に歌手志望ってわけでもないのに歌を出してるのは、「私のこの才能が売れる」と思ったのと、今の私の事務所はシンガーが多いから、音楽界にもチャレンジしたかったから。

売るものがないなら、私の歌を売ってしまえ、

って発想なんだよね。

歌を出したらメディアに取り上げられたからそれを発展させたり、配信でメイクやファッションを紹介したら興味を持ってくれる子がたくさんいたので、アパレルやったりコスメ・スキンケアブランドを立ち上げたり。こんなふうに時代の流れに合わせて、シフトチェンジするなんて、私にとっては朝飯前。

今って時代のスピードがとんでもなく速い。昔は5年周期とかだったのが、今は数カ月周期になってる。

もちろん「私はずっとこれでいく」っていうのもアリだけど、臨機応援な対応力は絶対必要だと私は思う。

強さって何？

感情的にならないこと？

何にも動じない心？

そうじゃない。

砕けながらも

何度負けても、後悔しても、

自分に呆れても。

また立ち上がる
勇気を持っていること

そして、痛みを
知ってるからこそ
人に優しくできること

だと私は思う。

失敗してても
最悪なことを
やらかしてても、
一個も無駄はない。
全部財産になる。

「自分はこれしかできない」ってこだわる人に「こういう切り口でやってみたら」とアドバイスすると、「失敗したら怖いからできない」なんて言われる。いやいやいや。人間失敗してなんぼじゃない？

自慢じゃないけど私はヤンキーになって暴れたり、鬱になって主催イベントを飛ばしたり、やらかしまくったから今がある。当時は大変だったし迷惑もかけて申し訳なかったけど、あのときの失敗は全部財産になってる。自分の得意不得意も、失敗があるからわかるんだよね。

失敗しなかったら、自分のことなんてわからなくない？

とくにSNSは、自分とは生い立ちも価値観も意見も違うあらゆる人間がいる荒野のような世界で、そこで生きていくには、ある程度強くならないとメンタルを吹き飛ばされてしまう。

強くなりたかったら、傷つくことを恐れないこと。

だから、痛い目には積極的に遭っていこうか。

私だって最初から強かったわけじゃないからね。何度も痛い目に遭って、ひとつひとつ乗り越えてきた。


ポイントは、傷つくくらいならムカつけ、ってことかな。腹立ったら、キレたらいいんですよ。


「○さんがこれをしてきたから」「△さんがこう言ったから」なんて被害者ぶらないこと。主語は「○○さん」じゃなくて「私」で行こう。

「私がムカつく！」でいい。

今って感情的になることって美徳とされないよね。これは個人的な価値観の問題かもしれないけど、感情むき出しのほうがかっこいいのに。結局、普段感情を抑え込んじゃうから、いろんな形で爆発する。

言っとくけど、感情ってなくならないからね。小出しにしていかないと。

人間ってマニュアル通りにはいかない。

傷つけられたら傷つくし、被害に遭ったら腹立つし。

なんでキレることがダサいにみたいになってるのか、全然わかんない。

血の気のないロボットみたいなヤツがかっこいいと思ってるのかな?

とにかく、不安でも飛び込んでみる。痛い目に遭ったら、ストレートにムカついたり悲しんだりして、何がダメだったか分析して、また立ち上がる。そんなふうにシンプルに向き合えば、失敗は恐れるものではない。

集客したいならギャップを出す。
ギャップが爆発を起こすから。

現在、うちの事務所にはHELENA（エレーナ）というシンガーがいる。ものすごく美しく、歌もパーフェクト。しかし、そのクオリティの高さの割にはみんなに知ってもらえてなかった。

クールでとっつきにくいのかもしれないと、YouTubeで彼女のおちゃめな部分、ちょっとドジな部分を紹介したら、どんどんファンが増えていった。メジャーから曲を出すほどの実力者だけど、あえて親しみやすいカバーを歌ってもらったり。

ギャップだよね。集客したいならギャップを出す。ギャップが爆発を起こすから。

もちろん彼女はガチのアーティストだったから、スタイルを変えることに抵抗はあったと思う。1、2年はもがいてた。

頭では理解できてるけど、実際に新しいチャレンジをする葛藤、これまでのスタイルを変えることへのとまどい。

私は無理強いは絶対しない。「やったほうがいいよ」「やったらこんなヴィジョンが待ってるよ」っていうのは言いまくるけど、本人がやるって決めないと意味がないから。

もちろんやったから絶対当たるとも限らないしね。

「わー、あの子今までメジャーだったのに人の曲歌い出しちゃったね」みたいに見られる可能性だってあるから。

新しいことをしようと思ったら、リスクは必ずある。

でも、チャレンジしたから会いに来てくれる子だっているかもしれない。

彼女はきれいすぎるし歌うますぎるしパーフェクトすぎるから、これまでファンから遠い存在に感じられてきた。メジャーの会社からも「なるべくしゃべるな」とか言われたり。しゃべると面白いのにもったいない。だから「集客したいんだったら、柔らかいところも出したほうがいい。いいギャップだから」って彼女に伝えた。

それは私のプロデューサーとしての勘だった。

そこからもいろいろあったけど、彼女が決断して、チャレンジしたから勝ったんだよね。挑む勇気を持っているかどうかが、勝負の分かれ目だった。もちろんアーティストだから、「私はこのスタイルじゃないと無理です」って人も多いと思う。貫くのもかっこいい。もちろん彼女も貫く部分はあった。

でもひとつ言えるのは、「自分はこれしかできない」と、かたくなに自分のイメージする自分を崩せない人はギャップが出せない。

ときには周りに意見を求めながら、自分の殻をかち割ってほしいな。

Q

もっと謙虚になれって
言われた

いらんいらん。
謙虚ぶって、その先には何があるの？
よく「私ってブスだから」とか自虐入ってる子いるけど、単なる保険だよ。
ビヨンセがそれ言ってたら
全然魅力ないよね。

Q

チャレンジしたいけど、
リスクがある！

私、リスク大好き♡
リスク感じないことにチャレンジしても
面白くないし結果が小さいだけ。

Q

意思を強くする方法は？

大口を叩く。
夢とか願いを人に語り散らかして、そして自分の
耳にも聞かせる。
必ずそれに向かって何かしなきゃいけなくなるか
ら。

Q 身も心も美しくなるには？

身は努力。
心は愛を中心に生きること。

Q 起業する人に必要なこととは？

起業して何も起こらないことはない。
だから経営者に必要なのは、問題解決能力と問題に屈しないやる気。

あとは、足をつっこむことだね。

足をつっこんだら、何を勉強したらいいか、どっから攻めたらいいかわかるから。

Q 強い女になるには？

守るものをつくってみて。
女って母性本能があるから。守らなきゃいけない存在があると強くなれるよ。

Q やりたいことにチャレンジができない

成功したらうれしいし、失敗しても、あなたはその分強くなれるから、

チャレンジして失うものは何もないよ。

どういう人に周りにいてほしいかで
パフォーマンスは変わってくる。

「配信やりたいけど、何をしたらいいかわからない」

「モデルになりたいけど、どこを売っていいかわからない」

「アーティストになりたいけど、自分の表現がわからない」

そんな悩みをよく聞く。

やりたいことをやってみたり、自分を掘って掘って深掘りしても何も出てこなかったり、人に相談してもピンとこないのなら、ちょっと視点を変えてみようか。

どういう人に周りにいてほしい？ どんな人に応援してほしい？

ここはもう「周りは鏡」理論を使う。周りは自分を映す鏡だから、なりたい自分がわからなければ、そばにいてほしい人を考えてみるのも一案。

そしてその人みたいに行動してみるといい。

優しくて芯の強い人にいてほしいなら、自分が人に優しく接する。

超絶陽気でおしゃれな子に憧れるなら、陽気におしゃれする。

一緒にバカ騒ぎできる友達がほしけりゃ、先陣切ってバカになる。

一緒に上がっていけるファンがほしかったら、自分も上がっていく。

こんなふうに一緒にいたい人に合わせてパフォーマンスしていくと、気づいたらなりたい自分になってたりするんじゃないかな。

まあ、私の場合は最初に「こうなりたい！」っていうのが、バーンってあるけどね。別に人に合わせないわけじゃないし、自分に合わせろって言ったりもしないけど、気づくと同じマインドの人が集まってくる。

不思議だよね。波長ってあるんだろうね。

だから、なりたい自分がある人はそれを貫けば、出会う人がどんどん変わっていくだろうし、なりたい自分がわからない人は、周りから固めていけば、なりたい自分が見えてくると思う。

ちなみに私は「かっこいい女」に囲まれたい。自分もかっこよくありたいし、ファンの子もみんなかっこいい女になってほしい。だから日々発信してるといっても過言じゃない。

もともとは業界の困ってる女性を助けたいと思って事務所を始めたんだけど、配信を始めてから結構聞いててかわいそうになるくらい、どうでもいいことで悩んでる子も多くてさ、なんとかしたいと思って。

ダメ男に依存してたら手を引っ張って別れさせたいし、傷ついてる子がいたら言葉で抱きしめたい。そんなことしなくても、配信でつながってるだけでOKな気がする。だって「周りは鏡」だから。

時々、「潤奈ちゃんみたいに、なりたいです！」って言われるけど、もうなってるんじゃやなかかな。

だってあなたはすでに、私の周りにいるんだから。

自分の磨き方が
わからない？
だったら
「磨きがい」しかないよね。

「『周りは鏡』だから、周りに不満があるなら自分を磨け！」って言うと「磨き方がわからないんです」って言われる。超あるあるだよね。でも磨き方がわからないなら、「磨きがい」しかない。わからないってことは、これまで磨いてこなかったんでしょ？

何もしてないじゃない。だったら逆になんでもできる！

外見だろうが、内面だろうが、なんでもしたらいい。

外見だったら簡単よね。例えばダイエットでもいいし、髪色をきれいにするとか、自分に合うメイクを研究するとか、エステでも美容でも、ファッションをガラッと変えてイメチェンするとか、磨けるところだらけ。

内面のほうが磨きにくいかもね。自己肯定感を磨くっていっても、どうしていいかわからない。これは前にも書いたけど、誰かのために何かをしてみるのがおすすめ。やってみたらわかるから、その心地よさが。

あとは自分にちょっとだけ無理難題を課してみる。

毎朝30分早く起きるとか、仕事は〆切の前日に終わらせるとか、怖めの上司に思い切って意見を言ってみるとか、友達になりたい同級生を自分からランチに誘ってみるとか、次のテストだけ本気で勉強するとか。

小さいチャレンジをくり返して、自分からこすられに行く。

もちろん、好きな人に告ってみるのもおすすめ。フラれて傷つくかもしれないけど、それも含めて自分からこすられに行ってこーい。つらい経験したってOK。その分、人に優しくされたありがたみに気づけるから。

不幸を10知ってたら、10個の幸せに気づける。幸せと不幸ってそういうふうにできてるんだよね。

だから、不幸な思いは1000個ぐらいしたほうがいいよ。

例えば、コロナでマスクしなきゃいけなくなって、マスクがなかったのがどれだけ幸せだったかって気づいたでしょ。

そうやってたくさんのことに気づけた人は優しくなれるし、優しい人っていうのが本当に強い人、かっこいい人だと思う。でも、不幸になればなるほど、「他人も不幸にしてやろう」という方向に行く人もいるかもね。

なんで自分が不幸のストッパーにならへんねん！

優しくて強いあなたが止めるんだよ、負の連鎖を。

そしたら、お金では買えない優しさや愛が返ってくるから。

私も昔は金の亡者で、水商売をめちゃくちゃして貯金の鬼だったけど、いくら貯めても満たされなかった。

きれいごとに聞こえるかもしれないけど、自分の優しさや強さに自信が持てて、仲間とプライスレスなつながりが持てて、その上で一緒に豊かになっていければ、これ以上幸せなことはないんだよね。

［第5章］

やりたいことで生きていく

チャンスは
上を向いてるヤツしか
つかめない。

「有名になりたいんです」って言ってはみるものの、チャレンジしない人多いよね。雑多な情報が飛び交う時代だからこそ、ひとつに固執しすぎないでなんでもやったらいい。

私もツイキャス、ミクチャにYouTube、TikTokにインスタ、芸能事務所の社長業はもちろん、歌手や作詞作曲、マネジメントやイベント企画、アパレルにコスメに本の執筆に、自分でも何屋かわかんない（笑）。

気づいたらやっちゃってる。「行動力おばけ」というか。打席があったらとりあえず立つし、スクラッチがあったらとりあえず削る。

ある人から聞いたんだけど、チャンスって平等にみんなに降り注ぐんだって。上から下へと。

それをつかめる人とつかめない人の違いってわかる？

それは上を向いてるか下を見てるか。

何かないかなーって上を向いてる人は、チャンスをいち早くゲットできる。どういうことかっていうと、とにかく「これが当たるかもしれない」「これがチャンスにつながるかもしれない」って、つねにバットを振れてるかどうかなんだよね。数撃ちゃ当たるじゃないけど、いつも探しておかないとせっかくのチャンスを取り逃がしちゃう。

ああ、私なんてダメだーって下を向いてても、誰かにチャンスをさらわれてしまうか、ぼとぼと落ちて潰れるチャンスしか見えないからね。

人生は短いし、落ち込んでる暇はない。

もしも、やりたいことがわからないなら、とりま遊んでみようや。

仕事のヒントは遊びの中にある。デートでもいいし、友達と出かけるでもいいし、なんなら海外に行くでもいい。いろんな場所に出向いてみると、アイディアが降ってくる。

私の場合、今やってる仕事も人とのつながりも、全部遊びから生まれたからね。本気で遊べば返ってくる。散々お金を落としたクラブがミュージックビデオを撮るスタジオになったり、ディープに遊び倒したからこそ出会えた経営者や幹部の人もいっぱいいる。

夢だって遊びの延長に見えてくるかもしれない。

夢って本当に楽しくないと描けないからね。

楽しいだけで成立することはないけど、やり続けられるのは、結局どれだけ熱意を持てるかどうか。

だからもし今、やりたいことや夢が見つからないなら、自分の興味に従って、とことん遊んでみるのが近道だと思うよ。

アイメイクは最初、
マッキーペンで描いてたよ。

私がすっぴんを出したときは、世の中がざわついたよね。

自分的には、ゴリゴリにメイクしてる顔もすっぴんもどっちも好きだけど、たしかに落差はあるね。たしかにある。それは認める。

たまに「メイクって何から始めたらいいいんですか？」とか聞かれるけど、答えはひとつ。

見よう見まねでやれ。

情報はもう全部動画にある。私も出してるし。メイク道具を握って、動画を凝視して塗りたくればいい。はいスタート！

私たちの時代は雑誌だった。安室ちゃんの顔を見て、これになるにはどうしたらいいんだろう、みたいな。道具なんてわかんないから、アイメイクは最初マッキーペンで描いてたよ。ここを白くするにはクレヨンかな。ポスカいっとこ、みたいな。

ファンデーションってものがあるのを知ったんだけど、落とすって知識がなくて。どんどん顔が茶色くなって、ギャルの先輩に「なんでメイク落とさないの？」「メイクって落とすんすか」みたいな会話して。

それで、だんだんギャルの先輩が教えてくれるようになって、素直に取り入れてやってみた。もともと地味顔だからうまくできないじゃなくて、地味顔だから映えるじゃーんみたいなポジティブシンキングで、トライ＆エラーの末にできたのが今の顔。

めちゃくちゃ濃いって言われることもあるけど、ギャルにとってそれは褒め言葉だからね。褒め言葉は１５０％で受け取っとく。ありがとう。濃いのよ私。ちなみに、顔が「濃さ命」だったら、ファッションは「露出命」。

いかに少ない布で生きるかが勝負。

まあ、最近のテーマは適度な露出だけど、おしゃれっていかに自分が自信満々に、「私に似合ってる」ってオーラを出せるかなんだよね。「この年でこの格好ってやばいかな」とか、「友達と買い物に行くだけなのに派手すぎるかな」とか、周りを気にしちゃう子もいるかもしれないけど、堂々としてれば何着てもかっこいいし、自分がイケてると思えばイケてるんだよ。私なんて赤ジャケットにサテンシャツ着ていったら、友達に「スリラーのマイケルジャクソン?」って爆笑されたよね。『セックス・アンド・ザ・シティ』の誰かのつもりだったんだけど、逆にスリラーで堂々と現れた私、かっこよくない?

メイクは見よう見まね、ファッションは気合い。

自分が心地よくかっこよくいられれば、それでいいのよ。

ホテルに泊まるときは、
薬局か?っていうくらい
スキンケア用品を
持っていく。

「どうやってダイエットしてるんですか？」って聞かれるけど、実は何もしてない。一度ダイエットに励み、キープをがんばったから今は安定してるし、今はむしろ痩せすぎると老けるから、ちょっとは太りたいなーと思ってる。

でも、太ったことはあった。それは食事制限してたとき。

上京したての私はモデルとして活動してたんだけど、モデル事務所に入りたての頃は絶対太っちゃダメで、めちゃくちゃ食事制限してた。

で、気にすればするほど食欲が湧いてきて太るという。

人間の脳って不思議だよね。

ダメって言われれば言われるほど、それがしたくなる。

だからすぐ食事制限をやめて、「食べた分動けばＯＫ」ってことにしたら、あんだけ狂おしいほどだった食欲がなくなって、体重も落ち着いた。

万人に言えることじゃないのかもしれないけど、食事制限にばかり気を取られている人は、ちょっと肩の力を抜いてみるといいかもね。

私なんて好き勝手食べ散らかしてる。深夜のラーメンとか平気。その代わり翌日はヨーグルト1個だったり。

「これを食べるべき」って決めないで、体がほしがるものをやんちゃに食べてると、必要以上に太ったり痩せたりしないよ。そんなふうにダイエットはほとんどスルーだけど、ひとつだけめっちゃ気にしてることがある。

それはスキンケア。全身塗りたくる。

お風呂上がりは、お風呂に入ってる以上に時間をかけるね。

全身にオイル塗ってから、保湿用のクリーム塗って、ラメが入ってるクリームを絶対塗って、フレグランスふって、ハンドクリーム塗って、ヘアはヘア用を3種類使って、顔も3~5種類……。

あなた、油絵のキャンバスですか？みたいに。

化粧もしっかり落とす。朝はまず顔を洗う。エステや美容皮膚科にばんばん行くわけじゃないけど、スキンケアにはとんでもないコストをかける。私は韓国人と日本人のハーフだからね。韓国の美は、目の大きさより肌の美しさなの。

ホテルに泊まるときなんか、持ってくものが尋常じゃない。スキンケアの瓶をバッグいっぱい入れていく。シンガーのHELENAもスキンケアオタクだから、二人でホテルに泊まるときなんて、とくに薬局レベル。「美の秘訣は？」って聞かれたら「過剰努力です」って答えたいくらい。

でもスキンケアで自分を丁寧に扱うと、それだけで自分を肯定できるようになるから不思議。速攻で自信を持ちたければ、肌に注目してみるのもいいかもしれない。

ムカつく男が多いけど、
そんな男性社会を
つくっているのは
女だと思う。

私が女性専門の芸能事務所を立ち上げた理由のひとつでもあるけど、やっぱりまだまだ世間は男社会だなと思う。仕事でもなんにしても、権力を握ってるのはおっさんだしね。

ただね、ちょっと言いにくいことを言っちゃうけど、その男社会をつくってるのは女って気もするんだよね。

レディースは「か弱いアピール」がすぎる。

ご飯を食べに行ったらおごってもらうのが当たり前？

タクシー代をもらうのが当たり前？

何を言ってるんですか。
自分で稼いで男を引きずり回す
くらいでないと。

「男に絶対おごられたい！」って思うなら、「男がおごるのが正しい」とか正論っぽいことを言ってないで、そう思わせる女になりなさいよ。「支えさせてください」「出させてください」と言わせるくらいの女にね。「男はこうあるべき」「女はこうあるべき」っていうのをなくさない限り、男社会は終わらんのではと思うね。

最近はインスタのキラキラ主婦を見て、「私も男に養われたい」って思う子も多いって聞くけど、旦那が死んだらどうするんですかって話。

私が人に依存するのがイヤってのもあるんだけどね。自分がお金がなくて、相手の財布を当てにするっていうのがあんまり好きじゃない。

男にバッグ買ってもらって
イェイじゃないんだよ。
自分のキャッシュで払いなさい！

もちろん、キャバ嬢とか水商売で客に買ってもらうのは別だよ。あれはビジネスだからね。買ってもらってるんじゃなくて買わせてる。自分で手綱を握ってるから。

女子って本来強い。育児しながら家事できるし、男にフラれてもびっくりするスピードで別の男に行く。なのに男に依存したり、か弱いアピールしてたら、メンズが図に乗るのは当然。

まあ私が強すぎるといえば、強すぎるけど。

「はじめてのデートが割り勘だった〜最悪」なんてくだらんことをぬかす女は、イケてないし、「女の子だから軽めのお酒にしとくね」とか言われると、「おーおーおーテキーラ持ってこーい」ってなる。

そこまで行く必要は全然ないし、自分の心地いいキャラでいてほしいけど、「女の子だから感情は隠すべき」「謙虚にならなくちゃ」みたいなのは、平成に置いてきてほしいね。

合わないと思ったらさようなら。
クビって言われても納得で～すって。

感情は出したほうがいいけど、感情で威圧かけるのはやめたほうがいい。いつも不機嫌な上司とかさ。対応に悩んでる人も多いかもね。

不機嫌さを下に見せるのは、人の上に立つ器がないってこと。

そういうヤツにはマウントを取ること。「なんでそんな不機嫌なの？器量ねえなこいつ」って。

もちろん口に出しては言わずに、心の奥だけでマウントを取る。これって、結構大事。心の奥で「怖いよ〜」と思うのか「器量ねえなこいつ」って思うかで、ストレスが全然変わってくるから。上司を必要以上に怖がると、萎縮《いしゅく》しちゃって仕事のクオリティも落ちちゃうよ。

私は逆に上司的な立ち位置になることが多いけど、萎縮させないように心がけてる。うちはとくにみんなパフォーマーなんで。パフォーマンス力が半減してもいけないし、傷つけたまま帰すこともできないから。

たとえダメ出ししたり、シリアスな話になっても、そのあと必ず「あなたのこういうところが素晴らしいと思っているし、一緒にこれからもやっていきたい」とちゃんと話す。ミスして怒っても、翌日は笑って「おはよう」って切り替える。まあでもたまにいるよね。ずーっと不機嫌で威圧してくるヤツって。私だったら相手の不機嫌に不機嫌で対抗しちゃうけど、あまりにも威圧がすぎる場合だったら、転職を考えていい。

置かれた場所で咲けなかったら、不満を言って飛び出しな！

仕事辞めるのに罪悪感を持つ人もいるかもしれないけど、ちなみに私、全然辞めてる。バイトは続いたことがない。「仕事が報酬に見合ってないですけど」「そのやり方、効率悪くないですか？」みたいに正直に言うし、クビになったら「納得で～す」ってすぐ辞めてしまう。自分の場所じゃないと思ったら、次行こう次！

人生は短いから、違うなと思ったら離れればいいし、いい人と出会いたかったら自分を磨けばいいだけ。人のせいにすんなって話。

人間関係で悩んでる人は多いと思うけど、結局「自分」なんだよね。

人生は自分と同じレベルの人と出会い、レベルがズレたら別れていくから、自分をレベルアップさせればいいだけ。

芸能事務所を始めてから、何百人って人と出会い別れてきたけど、自分が成長すればするほど、出会う人が変わってきた。しみじみ思う。他人の文句を言ってる暇があるなら、自分を磨けばいいんだなーって。

「過去、この人に傷つけられたトラウマがあるから、自分を出せない」とか「あの人にこうされたから人生が変わった」とか、人のせいにして得することがあるなら教えてほしい。ないよね。

失敗しない人生よりも、
やりたいことをやり切って
すべらない話を
つくりなさい。

失敗を怖がってチャレンジできない人は、「なぜ失敗が怖いのか」少し掘り下げてみて。

あなたが思う失敗って、単に「思ったようにいかない」ってだけかもよ。失敗だって突出すれば、新しいものをクリエイトしてたり、チャンスを生み出したりする。

例えば、あなたがモデルだったとして、ランウェイで転んでしまったらどうするかしら。走ってバックステージに戻る？　それとも何事もなかったように立ち上がって、引きつった笑顔でウォーキングを続ける？

ランウェイはきれいにかっこよく歩けたほうがいいから、どちらにしても失敗といえば失敗かもしれない。

でも私なら、ステージから落ちるくらいの勢いで転び切る。

消えたぞあいつ！　くらいの勢いで。

もう絶対にインパクトは残るでしょ。そうなったら勝ちなの。

実際にどこかのコレクションで転んでステージから消えたモデルがいて、それがニュースになって有名になった。そうやって失敗をチャンスに変えちゃえばいい。

ひょっとしたらそのモデルも、わざとステージから落ちたのかもしれないしね。せっかく転んだのなら、立ち上がるよりステージから転がって消えたほうが人の印象に残るかも。チャンス！ みたいな。

ちょっとここだけの話だけど、私も失敗するときには逆にわざとめちゃくちゃ炎上させたりする。

なんなら「私こんだけ炎上してますけど！」って自ら拡散したり。

でもそこで、思いっきり叩かれても、

「私は絶対ここで潰れないから」

「やり切ってみせるから」

って大口叩いておくと言霊もあってがんばれるんだよね。有言実行ってかっこいいし。よい子はあんまりマネしないほうがいいかもしれないけど。

失敗を怖がってる子は、「間違わない人生が正しい」って思ってるんじゃないかな。この本のタイトルに『正解のない世の中を生きる』ってつけたけど、正解なんてないのよ。

一人ひとり考え方も感じ方も違うし、万人にとって合ってる間違ってるものなんてない。だから、たとえ失敗したとしても、気にしすぎることはない。

「すべらない話ができた！」って思うくらいがちょうどいい。

私も失敗するたびに「よっしゃ！　またネタが増えた」って思うもんね。なんのために生きるかって人それぞれだけど、「すべらない話を増やすために生きる」なんていうのも、結構面白いと思うよ。

別にダサいことを
やっちゃっても、
明日ダサくないに
持っていけば、
もうダサくないんだよ。

私が女の子だけの芸能事務所を立ち上げたのは、こんな経験がきっかけだった。あれは祇園での水商売を辞め、婚約を破棄し、新たな人生を探して東京で仕事をしていた頃のこと。ある男性にスカウトされた。男性は事務所を紹介してくれて、順調に仕事のオファーも入り大きな仕事が決まったんだけど、そのときその彼がこんなことを言い出した。

「俺たち、いつ一緒に暮らす？」

はあ？ どういうこと？
なんで仕事相手と一緒に住むわけ？

って思ってたのは私だけで、そいつは最初から私が目当てだったのだ。そいつの誘いをブチギレでお断りした結果、私の仕事はゼロになった。

ウソでしょ!? と思ったよね。そしてそんな現実を目の当たりにして誓った。女性が男の餌食にならず、才能を活かせる会社をつくろうと。

もちろんそのための組織づくり、ひいては社会づくりを目指してるわけだけど、私は女の子の意識も同時に変えたいと思ってる。私と出会ったからには、もっとキラキラしてほしいし、人生にベットしまくって、イキり倒して生きてほしい。

ビヨンセの言葉でこんな名言がある。

「人生で大事なのは、何回呼吸するかではなく、何度息を呑む程の瞬間に出会えるかである」

すっごくいい言葉じゃない？

私はどちらかというと、そういうジェットコースターみたいな人生のほうが好き。

ふり返ったときにダサい自分がイヤなんで。別に、過去にダサいことをやっちゃっても、明日ダサくないに持っていけば、もうダサくないんだよ。

だから私は挑戦していきたい。みんなも怖がらずにチャレンジしなよ。

大胆に失敗すれば、トランポリンみたいに一回沈んで高く上がれるから。

せっかく落ちるなら、3階から落ちるより15階から落ちたほうがいい。

まあ命だけは大切にしたいけど。

失敗して立ち上がれなかったらって思うかもしれないけど、たいてい立ち上がれる。だって、道で転んで立ち上がれなかったことってある?

寝っ転がったままなことってないでしょ。

逆にそのほうが恥ずかしいし。

たいていは条件反射で立ち上がれる。


大丈夫、できるって。

おわりに

最後まで読み切ってくれてありがとう。
忍耐力あるね！
私は文字を読むのが苦手だから、校正で何度も寝落ちしたよ（笑）。
でもあなたにはできた。
寝たかもしれないけど、読み切った！
そんなことでも自分を誇ってほしい。

この本は、あなたのマインドが変わり、これから起こるすべての出来事を「何事も財産だ」とプラスにとらえられるように、そう願って書きました。

なれそう？

てか、なれるから！　やってみて！

最後に伝えたいことを書くね。

まず、何が起こっても悲観しないこと。
前に進んでいる限りは、何事も耐えられるから。
人生でもっとも大きな損失は、心の中で何かが死んでしまうことよ。
だから、希望を捨てないで。

希望がない？　いいえ！
人生そのものが夢であり希望なの。後は叶えていくだけ。

人生は二択の連続でしょ。

遊ぶか、遊ばないか。
別れるか、別れないか。
やるか、やられるか。
食うか、食われるか。
挑むか、挑まないか。

つまり、あなたの選択が人生を大きく左右する。
未来もまた大きく変わる。

もちろん、過去は変えられない。
ならば未来を変えてしまえばいい！

私は昔から「社会科」という授業に興味がなかった。
なぜなら、過去を知っても多少の知恵にはなるかもしれないけど、それにしたって過去過ぎるでしょ（笑）。

社会科の授業に自分の未来のヒントや知恵になるものがないと判断した小学生の私は、その時間にたくさんの絵を描いた。

それから半年……私は油絵で日本3位となり、表彰された。


つまりそういうこと！

人生を左右する鍵は自分自身が握ってる。


選べ！　そして進め！


あなたが二択のどちらを選ぼうが、それは間違いではない。

たとえ遠回りするほうを選んだとしても、それはそれで経験という財産。

一寸の狂いもないほう選択すれば、それはあなたの成長が結果として現れ出した証。

とはいえ、二択のどちらを選んでも苦労しないとは限らない。
だから人生という物語は面白いのよ。

シンデレラが速攻、王子に暴露してたら？
白雪姫が毒林檎を逆に魔女に食わせてたら？
アリエルが人間になるのにそもそも交換条件がなかったら？
そう。物語はつまらないの。

あなたの人生がキラキラとメラメラで溢れ返りますように！
愛を込めて……XOXO

葉山潤奈

イラスト	NARUMI HOSOKAWA
カバーデザイン	西垂水敦・市川さつき（krran）
本文デザイン	五味朋代（フレーズ）
DTP	坂巻治子
校正	深澤晴彦
SPECIAL THANKS	HELENA (Joint M's)
構成・編集	ミトモタカコ
編集統括	吉本光里（ワニブックス）

正解のない世の中を生きる

著者　葉山潤奈

2023年1月31日　初版発行

発行者	横内正昭
編集人	青柳有紀
発行所	株式会社ワニブックス 〒150-8482 東京都渋谷区恵比寿4-4-9　えびす大黒ビル 電話　03-5449-2711（代表） 　　　03-5449-2716（編集部） ワニブックスHP　http://www.wani.co.jp/ WANI BOOKOUT　http://www.wanibookout.com/
印刷所	株式会社光邦
製本所	ナショナル製本

ISBN978-4-8470-7274-1